BENYA MIND

SCHATTEN, GLÜCK

und

FEUERLIEBE

Schatten, Glück und Feuerliebe
2003
ISBN: 3-8330-0733-8
Alle Rechte beim Autor
Herstellung: Books on Demand, GmbH
                      Norderstedt
Autor: Benya Mind
Satz und Layout: Ivonne Noworzyn,
                      Regina Dix, Benya Mind
Umschlagbild: Emely, Benya Mind

Inhalt

Für meine Söhne

Frau

Geborgenheit
vom ersten Augenblick an.
Warme, weiche Behaglichkeit,
die sie dir schenkt.
Das erste was du erblickst,
nach dem Schock der Kälte und des Lichts,
sind die liebevollsten Augen der Welt.
Kann es einen schöneren Anblick geben,
als das Gesicht der Frau,
die dich geboren hat?
Wie viel Liebe liegt in ihrem Blick,
wie viel Zärtlichkeit, wie viel Fürsorge?
Wie behutsam wurdest du von ihr berührt
in deinen ersten Minuten?
Welch ein Wunder
hat der Schöpfer sich ausgedacht,
als er dich das erste Mal zum Diner bat.
Keine feine Küche, keine Gourmet-Tafel,
keine Schnittchen, keine Häppchen.
Auch kein Kaviar mit Champagner.
Nein.
Die sinnlichste aller Arten des Genießens.
Du kannst dich nicht einmal daran erinnern,
so wohl hast du dich gefühlt dabei.
Eng an sie geschmiegt, weich angekuschelt
saugst du begierig das Leben,

das sie dir schenkt.
Nichts, was dich stören würde.
Vorsichtig stupst sie Dich an,
wenn du zu gierig bist.
Wenn du zu ungestüm und grob bist
an ihren empfindsamen Früchten.
Sanft entschlummerst du an ihrem Busen.
Warme, weiche Behaglichkeit!
Wie viele durchwachte Nächte.
Wie oft wiegte sie dich,
wenn du aufschrecktest aus deinen Träumen.
Wie oft durftest du noch zu ihr
ins Bett kriechen.
In ihre wundervollen Arme.
Was hast du mit ihr geflirtet,
sie verführt, becirct, betört.
Wie oft ist sie weich geworden,
bei diesem deinem
„BittebittegroßeDackelaugen-Blick"...
Noch ein Eis,
noch etwas Schokolade,
noch einmal dasselbe Spiel.
Immer noch einmal.
Und immer noch mehr.
Noch viel mehr Leben.
Wie viel Pudding
hat sie gekocht, nur für dich!?
Hat gewaschen, geputzt, geräumt,

dir das Näschen gesäubert,
die Schuhe gebunden,
unzählige Male...
Sie war glücklich,
wenn du sie anstrahltest,
wenn sie dich lachen sah.
Sie hat mit dir gelitten, gebangt, gekämpft.
Immer und immer wieder.
Wie fest und konsequent konnte sie sein.
Wie hat sie aufgepasst auf dich,
damit du nur ja keinen Schaden nimmst.
Stunden, Tage, Wochen, Monate,
Jahre, die dahingingen.
Wie der große Strom, der ins Meer fließt.
Und doch immer wiederkehrt,
ohne Ende.
Der immer Derselbe ist,
und doch immer ein Anderer.
Der alle mit Leben versorgt.
Im Übermaß. So wie sie.
Sie lässt dich deine Wege gehen.
Sie sorgt sich heimlich.
Sie ist glücklich, wenn es dir gut geht.
Und sie leidet unerträglich
mit deinem Kummer.
Wie groß konnte ihr Herz sein?
Wie viel Kummer, Schmerz, Sorge,
Verzweiflung,

Freude, Frohsinn, Übermut, Lebenslust
hatte es für dich bereit?
Wie viel Liebe,
die dir manchmal zu viel wurde.
Wenn sie es nicht schnell genug schaffte,
dich loszulassen.
Und wenn du es auch gar nicht bemerkst,
so umfängt sie dich:
Ihre warme, weiche Behaglichkeit.
Wie froh es dich noch machen wird.
Dieses Gefühl, in deinem langen Leben.
Wie oft es dich noch tragen wird.
Das Gefühl der Geborgenheit,
welches nur sie dir geben kann.
Das dich immer dann begleitet,
wenn du denkst, allein gehen zu müssen.
Das dir genau dann den Auftrieb gibt,
wenn du denkst, unterzugehen.
Diese Sicherheit,
die dich durchs Leben trägt,
wie das Meer die größten Schiffe.
Warme, weiche Behaglichkeit!
Die sie dir mit in dein Leben gab.
Die du so nötig hast,
wie die Luft zum Atmen.
Wie die Speise, die dich nährt.
Wie das Wasser,
welches dir Leben gibt.

Sie hat dich gelehrt,
Liebe zu nehmen und Liebe zu schenken.
Diese Liebe,
die der Grund ist für alles Leben,
alles Wachsen und Gedeihen!
Frau,
die du bist.
Unbeschreiblich schön!
Verführerisch, mit unwiderstehlichem Charme.
Lieb, listig, zärtlich, stur, voller Wärme.
Kratzbürstig, zickig, hinterhältig, katzenhaft,
durchtrieben.
Naiv, kindlich,
mit der Stärke der Löwin,
der Anmut der Gazelle,
der zarten Schönheit des Rehs.
Frau...
Wie soll Mann dir widerstehen?
Frau...
Nimm mich mit.
Geh mit mir durch dieses Leben.
Halte mir den Spiegel vor,
so dass ich lerne zu leber in Fülle.
Zu lieben mit meinem ganzen Herz.
Zu geben mit all meiner Kraft.
Zu vergeben mit Güte und Langmut.
Frau...
Du bist wundervoll.

Bei dir möchte ich Geborgenheit finden.
Geh mit mir diesen Weg,
der Leben heißt.
Spiele mit mir dieses Spiel,
welches Leben heißt.
Nimm mich mit auf die Reise,
die Leben heißt.
Zeige mir alles Schöne.
Gib mir Kraft für alles Schwere und Traurige.
Lebe mich, und lass mich dich leben.
Du, mein besseres Ich.
Du, meine fehlende Hälfte.
Die ich herbeisehne in jedem Moment.
Geh mit mir.
Auf die Reise ins Abenteuerland.
Zeige mir deine Träume.
Lass meine geheimen Wünsche wahr werden.
Nimm mich, wie ich bin.
Forme mich, ohne dass ich es bemerke.
Liebe mich und lass dich geliebt sein.
Lass mich dich behüten,
wie den kostbarsten Schatz.
Lass mich stolz auf dich sein.
Worauf sonst sollte ich stolz sein?
Nimm von mir, was dir fehlt.
Schenke mir von dir, woran es mir mangelt.
Lass uns Eins werden,
in unserem Sinn,

in unserem Fühlen und Empfinden.
Lass uns Geborgenheit finden.
Diese unendlich warme, weiche Behaglichkeit!
Gib Leben ohne Ende.
Verschenke sie reichlich,
diese deine unbeschreiblich fröhlich,
unbeschwerte Lebensfreude.
Wie machst du das?
Dass du sie allesamt verzauberst?
All die kleinen Kinder.
Und all die starken Männer.
Sie alle ziehst du in deinen Bann.
Mit unwiderstehlichem Charme.
Mit betörender Sinnlichkeit.
Mit der kindlichen Unschuld eines Engels.
Mit der Spitzbübigkeit des kleinen Bengels.
Verführst du uns alle.
Wie schön.
Wie geborgen.
Wie wohl wir uns fühlen,
in dieser deiner warmen, weichen Behaglichkeit,
Frau...

Sonnenstrahl

Die Sonne strahlt mir ins Gesicht.
Sie erwärmt meine Gedanken,
lässt mich lächeln –
ganz unwillkürlich.
Ihre so freundliche Natur lässt mich strahlen.
Scheinbar grundlos.
Wie das Gänseblümchen,
welches ganz alleine
aus der Mauerritze hervorlugt.
Wie ein ausgetrockneter Schwamm
sauge ich diese beglückende Wärme in mir auf.
Nach kalten und nassen Tagen.
Nach dunklen und einsamen Nächten,
genieße ich diese wenigen Minuten
des vollkommenen Glücks.
Ich werde ruhig,
und stille Freude steigt in mir auf.
Dankbarkeit
bei dem Gedanken,
dass diese warmen Sonnenstrahlen
ganz allein nur für mich da sind.
Wie Deine zärtlichen Hände,
die mich streicheln.
So streichelt mich jeder Strahl der Sonne.
Und ich danke leise dem Schöpfer
für dieses Geschenk des Lebens.

Genieße staunend jeden Moment
der Wärme und Liebe und Harmonie.

Mein Junge

Der Schabernack springt
aus Deinen glänzenden Augen.
Lustig, voller Witz
und Überraschung.
Voller Wärme und Liebe.
Satter Lebensfreude.
Lässt Du mich teilhaben,
an Dir.
An Deinem Spaß,
an Deinem Witz.
Dem Schalk,
der Dir im Nacken sitzt...
Und manches Mal:
So stumm.
Ein leiser Schrei,
Enttäuschung und Trauer.
Still...
Auch das bist Du.
Dann würde ich sie Dir
so gerne wiedergeben.
Diese Liebe und Freude,
die Du so reichlich
verschenkst,
mein Junge.
Hab endlos Dank dafür!

Geigenklang

Sie lacht mit Dir,
glockenhell, fröhlich.
Ausgelassen tanzt sie –
Voller Lebenslust
und Übermut.
Schäumt sie über
wie Champagner.
Sie reißt Dich mit,
mit dem ungestümen Temperament
des wilden dreijährigen Mädchens.
Hörst Du sie,
wie sie schwingt und sich wiegt?
Sich an Dein Herz schmiegt,
Deine große Liebe beglei¯et.
Sich freut mit Dir
und Deinem Traum.
Wenn sie erklingt,
mit feiner Hand geführt,
erschaudere ich vor Glück.
So, wie beim Klang
Deiner singenden Stimme –
Werde ich ganz still
und dankbar
für alle Schönheit dieser Welt,
die mich ergreift.
So wie das Spiel der Geige,

das verzaubert,
und entführt,
in die Tiefen der Seele.
Zart, einfühlsam –
mitfühlend
in der Freude, im Glück.
Im Leid
mit klagend, mit weinend
und doch so voller Trost.
Der den tiefen Frieden
Dir bringt
mit wenigen Tönen.
Sehe ich Dich
mit Tränen in den Augen...

Wieder lächeln!

Mein Sohn

Fröhlichkeit ist Bewegung.
Immer in voller Fahrt.
Niemals steht er still,
dieser begeisterte, mitreißende,
freudige, kleine Mund.
Lebenslust pur.
Aufgeregtheit,
Freude an allem,
was es Neues zu entdecken gibt.
Was sich ausprobieren lässt.
Guten Mutes, stark...
und doch oft
einfühlsam und zart.
Vermittelnd,
manchmal kämpfend.
Zusammenhaltend,
wie Pech und Schwefel
mit Deinen Lieben
und Deinen Freunden.
Zarte Seele – mein Sohn.
Wenn die Tränen des Glücks
Dir in die Augen schießen,
machst Du den Purzelbaum
auf der Wiese des Lebens.
Einfach glücklich macht mich das...

Schneeflocke

du bist so weit
und doch ganz nah.
Bei mir.
An meinem Herzen
in meinem Sinn.
In so vielen Situationen,
die mich an dich denken lassen.
Dich fühlen,
dich sehen.
Deutlich vor mir.
Wenn deine Stimme
nah bei mir ist.
Dein Duft mich umgibt,
dein Lachen
mich fröhlich werden lässt,
im kalten dunklen Winter.
Dann denke ich:
Diese eine, winzige, fröhliche,
tanzende Schneeflocke,
die hast du mir geschickt.
Über weite Wolken,
und kalte Stürme,
und dunkle Nächte...

bist du mir nah.

Bäumin

So vieles,
was sie gesehen hat,
in ihrem langen Leben, die Bäumin.
So viele fröhliche Vögel,
die aus Leibeskräften all ihre Lebensfreude
in die Sommertage schrieen.
Die behutsam
und ganz sacht ihre Brut versorgten,
sie mit unendlicher Geduld das Fliegen lehrten.
Jeden Frühling aufs Neue um Liebe werbend.
Wie oft hat sie still gelächelt dabei.
Stillgehalten,
wann immer ein neues Herz
ihre Borke zieren sollte.
Immer wieder neue Menschenkinder,
die, behütet unter ihrem grünen Dach,
sich ihre Liebe gestanden.
Und wie viele
einsame,
traurige Herzen,
die sich an ihrem Stamm ausweinten.
Voll tiefer Verzweiflung,
aus Scham oder Reue,
verletzt,
oder von Liebeskummer fast zerrissen.
Still stand sie da,

voller Trost, voller Geduld
und einem großen Herzen.
Hat geschützt vor Regen,
Schnee und Sturm,
wer immer es war,
der sie aufsuchte.
Die wilden Kletterpartien
bis in die ausladensten Äste,
wie gern ließ sie sich kitzeln,
von vorwitzigen Kindern.
Was für Stürmen hat sie getrotzt,
immer das richtige Maß findend,
zwischen Stärke und Nachgiebigkeit.
Welch eisige Winternächte voller Einsamkeit...
Wie hart hätte sie werden können dabei,
abstumpfend, sterbend...
Sie nicht.
Mit Liebe ohne Ende,
Liebe zu allem was lebt und fühlt,
was lacht und weint.
Unermessliche Liebe zum Leben ließ sie reifen.
Verständig,
die Fehler der Anderen tolerierend.
Verschenkt sie den überreichen Schatten ihrer
Liebe, Lebenskraft und Lebensfreude...
Und alles im Überfluss :
Verschwendung wohin das Auge reicht.
Und alle werden satt.

Niemand, der leer nach Hause geht.
Jeder wird reichlich beschenkt,
verwöhnt von den Quellen ihrer Liebe.
Sie hat das Geheimnis erkannt,
wie die Schönheit mit dem Alter wachsen wird:
Mit Liebe; ehrlicher, tiefer Liebe...
Wie betrunken,
im Rausch der puren Lebensfreude,
der sinnlichen Lust am Leben,
nimmt sie alle Freuden des Lebens in sich auf,
um sie reichlich weiter zu verschenken.
Wieder und wieder,
an alle, die in ihre Nähe kommen.
Weise ist sie geworden mit den Jahren,
und hat doch niemals ihre Anmut verloren.
Diesen kindlichen Charme,
der alles einnimmt.
Der einen bannt,
gefangen nimmt,
mit nur einem einzigen Lächeln.
Und hörst Du das Lied,
das der Wind leise in ihren Zweigen singt?
Hörst Du die vielen Geschichten,
die der Abendwind leise durch ihre Äste raunt?
Siehst Du ihren verliebten Blick,
wenn sie mit tausenden Tautropfen
in die erwachende Morgensonne blinzelt?
Wenn die Spinnweben des Altweibersommers

sie umgarnen?
Wenn der Rauhreif
ihr das schönste Kleid anzieht,
im weichenden Nebel der aufsteigenden Sonne.
Wenn die laue Sommernacht
im silbernen Mondlicht,
mit funkelnden Perlensternen,
ihre ganze Schönheit zeigt?

Wie in zarte Dessous gehüllt,
schwebt sie auf der Lichtung.

Sie - Die Bäumin

Jahreszeit

Einen ganzen Tag lang,
möchte ich Dich
immer nur ansehen.
Deine wunderschönen Augen,
Deinen lieben Blick,
die Bewegungen voller Anmut,
Deines so schönen Körpers.

Eine Woche möchte ich
Dich streicheln,
Dich berühren,
Dich ganz sacht entführen.
Deine Wärme spüren.
Dir meine Liebe zeigen,
sanft und voller Zärtlichkeit.

Meine Geliebte für immer,
den Monat, das Jahr.
Vom Sommer bis zum Sommer
will ich Dich küssen.
Überall...
Dich überdecken mit kleinen,
und sanften, mit zärtlichen,
und heißen und innigen Küssen,
voller Leidenschaft.

Und kommt unser Herbst,
und der Winter naht
mit weißer Schönheit.
So will ich Dich wärmen
mit meiner Liebe.
Und immer nur bei Dir sein.

Geliebte

deinen Blick, ich spüre ihn
und ich fühle deine Liebe.
Wieder überkommen mich diese Gefühle,
welche mir die Tränen in die Augen treiben.
Ich schluchze vor Glück,
meine Sehnsucht ist grenzenlos.
Ich will Eins sein mit dir.
In diesem Augenblick,
der ewig und immer bleiben soll.
Alles an dir zieht mich magisch an.
Ich bin dir verfallen.
Benutze mich, verführe mich, liebe mich.
Bitte.
Das wünsche ich mir.
Dir so nah sein.
An deiner Seite,
immer mit dir mich winden.
Dich spüren auf meiner Haut.
Deinen Geruch möchte ich bei mir behalten.
Ich will dich streicheln,
deinen schönen Körper küssen,
deine so anmutige Gestalt
immer nur ansehen.
Und brennen vor Leidenschaft.
Nimm mich mit zu den Sternen
wenn du mich küsst.

Wenn deine Liebkosungen mich vergehen lassen,
trägst du mich fort,
weit aufs offene Meer.
Mit dem warmen Wind deiner Zärtlichkeit
tanzen wir mit den Wellen.
Und die angenehm kühlen Fluten nehmen uns auf
in sanften Bewegungen,
mit denen wir Eins werden.
Du umfängst mich,
ich bin ganz still
und lausche deiner Liebe.
Zärtlichen Worten,
die mich flüsternd erreichen.
Dein Atem erfüllt mich,
tief und leicht, ganz nah.
Und ich will mehr, will dich.
Ich will zu dir,
Deine Tore öffnen mit sanfter Gewalt...
Dich entführen,
sachte, mit zarten Berührungen,
dein Begehren schüren.
Dich zurückhalten
bis du überschäumst
mit Heftigkeit und Leidenschaft und Gier.
Lass dich gehen.
Nimm alles von mir.
Lass nichts ungesagt,
Keinen Wunsch offen.

Schweige mich an.
Liebe mich und lass mich dich lieben.
Bis wir versinken,
erschöpft,
friedlich,
uns ganz nah.
Deine heiße Haut an meiner,
uns aneinander kuscheln,
miteinander träumen.
Sanft schlummern,
oder leise miteinander reden.
Deiner Schweigsamkeit zuhören...
Du bist mein Glück,
mein Stern.
Du meine Geliebte,
meine Vertraute,
mein kostbarster Schatz.
Meine Liebe,
die mich so sehr glücklich macht.

Feuerliebe

Wunderschön anzusehen,
anmutige Gestalt.
Sinnlichkeit, die mich davontrug,
mir alle Sinne nahm.
Deine Stimme machte mir Gänsehaut,
sie ging mir durch und durch.
Und ich wünschte mir nur noch Deine Nähe.
Wollte Dich. Ganz und gar.
Mir war, als kennen wir uns ein Leben lang.
Vom ersten Augenblick an
warst Du mir vertraut,
wie nie ein Mensch sonst.
Was immer ich von Dir erfuhr...
Ich schien es längst zu wissen.
Erfüllter Traum?
Deine Blicke zogen mich magisch an.
Deine Liebe umfing mich so zart,
zurückhaltend, mit soviel Sanftheit,
behutsam, so wie man ein Baby wiegt.
Zärtlichkeit, Sinnlichkeit, Leidenschaft.
Mein Herz schwebte in Höhen,
die ich nie kannte.
Es fühlte sich an,
wie ein Luftballon,
der frei fliegt im Sommerhimmel.
Wie ein junger Hund,

der gerade das Laufen gelernt hat.
Schlug Purzelbäume in den Wolken.
Glück, das mir die Luft zum Atmen nahm.
Wahnsinnsfreude Dich zu sehen,
Dich in meinen Armen zu halten.
Heiße Schauer bei Deinen Blicken.
Dein Duft war betörend,
Deine Haut samtweich,
unbeschreiblich verführerisch,
süchtig machend.
Deine Liebe,
ein einziges verzehrendes Feuer.
Du schlugst mich in Deinen Bann.
Bei Dir ließ ich mich fallen, wie nie zuvor.
Süße Sehnsucht nach Deinen Briefen,
nach Deinem Anruf.
Deine Stimme,
die mich kribbelig machte,
mir wohlige Schauer
durch den ganzen Körper jagte...
Süße Sehnsucht nach Deiner vertrauten Nähe,
nach dem Duft Deiner Haare,
den tiefen Gesprächen mit Dir.
Alles mit Dir bereden.
Alles mit Dir besprechen dürfen.
Nichts blieb ungesagt.

Gar nichts!
Oder doch?
Was dachtest Du, wenn Du gingst?
Was blieb ungesagt?
Warten.
Auf Dich.
Wie gerne ich es tat.
Wie wenig es mir ausmachte.
Du musstest gehen, jeden Abend.
Es war doch nur für kurze Zeit.
Was ist schon ein Monat, wenn man sich liebt?
Oder zwei, oder drei?
Hoffnung, die mich trug,
feste Pfeiler, die mich hielten.
Vertrauen ohne Ende!
Du brauchtest Zeit.
Na klar,
wo war das Problem?
Nichts hatten wir soviel wie Zeit.
Nichts war leichter,
als Dir all meine ganze tiefe Liebe zu zeigen
mit unendlicher Geduld,
mit geduldigem Warten.
Liebe ist stärker als Zeit,
stärker als alles,
was sich ihr in den Weg stellen könnte.
Ewig würde ich Dir Zeit lassen,
mit der Zeit glücklich sein,

die mir von Dir bliebe.
Es gab so viele Dinge, die wirklich wichtig waren:
Deine Kinder, meine Kinder,
die Arbeit, um für sie zu sorgen.
Und Deine wundervolle Liebe
war jeden Verzicht wert.
Jede Stunde des Wartens.
Jede Nacht, in der das Alleinsein
über mir zusammenzubrechen drohte.
Jeden schleichenden Zweifel,
den ich sofort erschlug,
noch ehe er einmal Luft holen konnte.
Jedes Versprechen,
das Du aufschieben musstest:
„Später, es ging nicht anders diesmal".
„Es tut mir so leid".
„Nach Weihnachten".
„Neujahr".
„Warte nur noch, bis März...".
„ Du, im Juli, dann!"
„Im August, die neue Wohnung". –
Nichts erfüllte sich.
Der Zweifel fraß sich an die Oberfläche.
Der Schmerz, die Sehnsucht brannte wie Feuer.
Wie naiv kann ein Mensch sein, wenn er liebt?
Und immer wieder Deine Liebe.
Das Wundervollste,
das ich jemals in meinem Leben hatte.

Niemals
werde ich Dich je wieder loslassen können.
Alles, was mich zu Dir hinzog,
nie hört sie auf zu brennen,
diese Feuerliebe.
Kein Schmerz, keine Enttäuschung
können die Flammen löschen.
Sehnsucht ohne Ende,
zarte Gefühle, tiefes Empfinden,
der ganze Zauber Deiner Nähe.
Alles lässt mich hoffen.
Was ist geschehen?
Kann solch eine Liebe sterben?
Gleichklang unserer Seelen,
Harmonie ohne Ende.
Verstehen ohne Worte.
Nur Du,
immer nur noch Du ...
Egal was gewesen, alle Schmerzen vergessen
beim Klang Deiner Stimme,
die ich so sehr vermisste.
Jede Verletzung,
eine mit Stolz getragene Narbe.
Was sollte uns im Wege sein?
Zeit ist manchmal nötig,
um seine Fehler machen zu können,
um zu lernen, um zu merken,
was man wirklich wünscht,

ganz tief in der eigenen Seele.
Wo geht die Sehnsucht hin?
Die meine geht zu Dir.
Und es hört nicht auf.
Du bist mir nah,
in jedem Moment der gemeinsamen Erinnerung.
Du bist Erfüllung.
Du bist Sehnsucht, die mich fast umbringt.
Du bist süßer Schmerz und Leidenschaft.
Und hat es mich auch fast erschlagen,
das ganze Unglück Deines Weggehens.
Dieser Verlust, der mich traf,
wie ein böser Fluch,
wie ein Erdbeben.
Wie der Abgrund sich öffnenden Erdbodens.
Hat mich diese Feuerliebe auch fast
heruntergebrannt
bis auf die Grundmauern meiner Seele,
so bleibt alles zurück, was gewesen ist:
Deine unvergessliche, wundervolle Liebe.
Diese unglaubliche Intensität,
mit der Du mich verzaubert,
betört, verführt und geliebt hast.
Wie könnte diese Liebe jemals erlöschen?
Wie könnte ich diese Liebe jemals vergessen?
Wie könnte ich diese Liebe
jemals nicht vermissen?
Dich je aufgeben?

Dich loslassen?
Vergessen diesen Zauber,
mit dem Du mich in Brand gesetzt hast,
vom allerersten Augenblick an?
Wer hat Dir gesagt, dass diese Liebe keine ist?
An wen habe ich Dich verloren?
Was habe ich Dir getan,
dass Du mir diese Wunden zufügst?
Warum hast Du mir jemals gesagt,
Du würdest mich lieben, wie niemals
jemanden zuvor?
Ich hätte Deine Seele berührt?
Hat es Dich verwundert,
dass mein Herz schrie,
als Du gingst?
Ohne Erklärung,
Ohne ein Wort.
Wer bist Du wirklich?
Welches war die Seite an Dir,
die ich nicht sehen durfte?
Was hattest Du für Ziele,
die nicht meine waren?
Zu wem hattest Du plötzlich
mehr Vertrauen, als zu mir?
Hörtest auf, mit mir zu reden.
Entzogst Dich mir.
Fallengelassen,
niemals aufgekommen, niemals aufgefangen,

fallen, fallen, immer tiefer...
Was passierte mit uns?
Was fühlte Dein Herz dabei,
mich wegzustoßen wie ein unartiges Kind,
dessen man überdrüssig geworden ist?
Eiskalt,
wie ich Dich nie kannte.
Distanziert, cool -
„Wie wichtig der eigene Weg doch sein kann".
Wie schnell vergessen
die tiefen Gefühle, die vertrauten Worte.
Wie egal der Schmerz
des angeblich so Geliebten.
Nacht für Nacht brannte ich.
Sehnsucht, die mich würgte,
mich umherirren ließ,
mich auffraß.
Diese Feuerliebe, die nie enden will.
Dir immer folgt, immer bei Dir ist.
Die immer ahnt, wie es Dir geht,
immer Dir nahe ist, immer brennt- immer.
Unsere Ringe, wo sind sie?
Unsere Träume – waren Deine nur gelogen?
Nur gestohlen?
Legtest Du mich ab,
wie den Ersten und den Zweiten?
Wo ist sie geblieben?
Deine große Liebe?

Deine zarte Liebe?
Deine sanfte Liebe?
Deine so leidenschaftliche,
sehnsüchtige, tiefe, heftige Liebe?
Diese, Deine brennende, unsterbliche
Feuerliebe?
Hat der Novemberregen sie erloschen?
Hast Du sie als Flaschenpost
weit hinaus in den großen Fluss geworfen?
Oder sie durchs offene Fenster
in den sonnigen Sommermorgen
hinaus fliegen lassen?
Muss sie sterben, um zu leben?
Liegt sie begraben bei unseren Müttern?
Oder in der Ferne, weit, weit weg,
bei unseren Vätern?
Ist sie untergegangen, in die Tiefe gerissen,
mit dem verschollenen Schiff?
Oder mit den wilden Pferden versprengt
in alle Winde?
Sitzt sie alleine in der kleinen, fremden,
griechischen Kneipe.
Oder steht sie mit Kathi und Sandy
auf dem Parkhausdach
und will einfach nur noch springen?
Wartet sie wie der einsame Schwarze
auf dem heißen Parkplatz nur darauf,
mitgenommen zu werden, endlich nach Hause?

Oder wird sie eines Abends
wieder in eine völlig fremde Wohnung kommen,
und fühlen,
hier sei sie nun endlich wirklich zu Hause?
Hängt sie an Deinem Weihnachtsbaum?
Oder hast Du sie gut
in Deinem Adventskalender versteckt?
Oder wird sie pünktlich zum Geburtstag
wieder hinab zur Erde plumpsen,
wie einst der kleine Prinz?
Sieh doch mal nach,
wo sie geblieben ist...
Diese Deine
wundervolle, unvergleichlich zarte

Feuerliebe

Wut

Wut,
ich habe dich gehasst,
dich verabscheut,
ich fand dich widerlich.
Wut,
ich habe dich nicht zugelassen.
Wollte immer nur lieb und nett sein.
Du hast mir Angst gemacht, mich bedroht.
Ich bin weggelaufen vor Dir.
Wann immer jemand wütend war,
so schüchterte es mich ein.
Ich wartete förmlich auf die Steigerung
in Form von Gewalt.
Und vor nichts hatte ich mehr Angst,
als vor Gewalt.
Blanker Wut und nackter Gewalt.
Bedrohlich, der Racheengel,
der über Allem schwebte.
Allgegenwärtig die Strafe,
für jedes noch so kleine Vergehen.
Wut, mit dir
wollte ich nichts zu tun haben.
Nichts mit Gewalt
und aller Hässlichkeit dieser Welt.
Spaßig sollte das Leben sein,
lustig, albern, schön.

Auch ruhig manchmal, ernst und still.
Nur ja nicht hässlich!
Oh ja, es gab wohl Dinge, die ich hasste.
Abgrundtief sogar.
Eben diese Hässlichkeit der Wut und Gewalt.
Diese ekelhafte Spirale des
„heimzahlen müssen".
War das nicht wie im Sandkasten
der allmächtigen Gerechtigkeit?
Erst necken,
dann ärgern, dann spucken,
dann kratzen, beißen, treten...
Wer einmal zurückschlug,
unbeherrscht, provoziert,
der bekam sie
gleich zweimal um die Ohren gehauen,
die Sandschippe der allmächtigen Gerechtigkeit.
Selbstzufrieden nahm
der Wächter des Friedens
das Lob der Umstehenden an.
Voller Genugtuung,
doch wieder für Ruhe und Ordnung
gesorgt zu haben.
Er, der eben noch stichelte und piesackte,
der einen zur Weißglut trieb,
nur um seine Macht und Stärke

zu demonstrieren.
Verlogen und dreckig,
billig, dieses Überlegenheitsgehabe.
Wie sich dagegen wehren?
Mit gleicher Münze?
Lieber den Rückzug antreten,
allein wohl,
aber seine Ruhe haben.
Nichts zu tun haben wollen mit Wut,
Gewalt, Kampf und Recht haben müssen.
Ging es nicht auch anders?
Wut,
ich ging dir aus dem Wege,
bis du mich einholtest.
Mich überwältigt hast mit Macht.
Zorn gegen mich selbst, ausweglos,
nur noch der Sprung
vom Glasturm der Ignoranz.
Feuer über mich,
der einzige Ausweg
des nicht wahrhaben wollen?
Das Negative negieren, es ging nicht mehr.
Wollte ich denn nicht nur das Beste?
Habe das Schlimme unterdrückt dabei,
es nicht zugelassen.
Gerade mal Trauer,
die durfte es sein.
Traurigkeit, bis zum Tode betrübt,

die konnte ich zulassen.
Wut,
du bist aufgetaucht mit Wucht und Vehemenz.
Plötzlich, unverhofft schlugst Du ein
wie der Blitz.
Hast mich fast umgebracht,
mich fast mein Leben gekostet.
Dabei war es doch nicht das erste Mal.
Nur wollte ich dich nie sehen.
Dich niemals ansehen.
Lieber mich ablenken,
dich ignorieren, es überspielen,
vermeintlich darüber stehen.
Nur ja nicht böse werden.
Immer lieb und nett...
Everybodys Darling?
War es das wirklich, was ich wollte?
Nur nicht kämpfen?
Nur keine Kratzer, blauen Flecken,
blutigen Nasen?
Immer nur lächeln?
Dafür war ich doch viel zu trübsinnig.
Viel zu sentimental,
zu weich und zu empfindlich.
Lieber ging ich meine eigenen Wege.
Still, verschwiegen, eigenwillig...
Das dicke Ende kommt schon noch früh genug.
Es kam viel früher!

Unangemeldet kam es beinahe.
Es hatte dich im Schlepptau.
Und ich musste dich endlich ansehen.
Unverwandt schautest du mir ins Gesicht.
Suchtest mich heim in meinen Träumen.
In grässlichen, schlimmen Träumen.
Was hatte ich getan,
dass du mich so quälen musstest?
In diesen Tagen entdeckte ich zum Glück
den großen Sandsack.
Und meine Fäuste.
Oh ja, sie konnten schon zuschlagen.
Und nicht zu knapp.
Auf wen
musste ich denn da eigentlich eindreschen?
Auf dich?
Auf all meine innere Zerrissenheit,
meine Hilflosigkeit?
Wie ein zorniges Kind,
welches mit den Füßen aufstampft, strampelt,
sich zu Boden wirft, die Zornesröte im Gesicht?
So klein und dumm kam ich mir vor.
Hatte ich das nicht längst hinter mir gelassen?
Oder hatte ich diese Phase übersprungen?
Du holtest mich immer wieder ein,
stelltest dich mir in den Weg.
Ich musste dich ansehen, wohl oder übel,
wollte ich nicht zerbrechen.

Du zeigtest mir,
dass du ein Freund sein kannst,
so wie der Schmerz.
Der Freund, den keiner liebt, weil er weh tut.
Der aber einer der wichtigsten ist,
weil er warnt und einen berät.
Früh genug, wenn man zuhört.
Wut,
du musst nicht überschäumen oder explodieren.
Du willst geführt sein,
bei der Hand genommen,
gerade, um keinen Schaden anzurichten.
Wie lange habe ich dich nicht sehen wollen,
es nicht begreifen wollen.
Ganz einfach ablehnen, verdrängen,
das war die Devise.
Du hast mich leben gelehrt.
Hinsehen,
wo ich lieber weggucken würde.
Manches ist schwer zu ertragen.
Manchmal sind wir lieber blind,
nur um nicht leiden zu müssen.
Wie viele Jahre braucht es,
bis ich sehen lerne?
Nicht rosarot, nicht nur schwarz-weiß,
nicht düster und trübe oder blind
vor Wut und Schmerz?
Wann werde ich gelernt haben, zu sehen

wie es wirklich ist?
Klar, deutlich, mit dem Blick nach vorn?
Wut,
du bist nicht mehr mein Feind.
Lass mich lernen, dich zuzulassen,
lass mich deinen Dienst annehmen lernen.
Warne mich, sei mein Wächter.
Zeige dich früh genug.
Du musst nicht voller Hass sein,
nicht ungerecht, schon gar nicht blind.
Sei wie die Pfeife des Dampfkessels,
die erst ganz leise und sacht,
sich immer deutlicher Gehör verschafft.
Den Sturm erkennen, ehe er losbricht.
Das ist deine Stärke.
Gerechten Zorn zulassen, verzeihen können,
sich distanzieren von dem, was Schaden zufügt.
Wut,
ich habe nur die eine Seite von dir gesehen.
Nur die Bedrohung und die Gewalt,
die von dir ausging.
Doch wenn du wieder
auf meiner Schwelle stehst,
so werde ich dich begrüßen und dich ansehen.
Dir zuhören,
was du mir zu sagen hast.
Ich werde still sein.
Und du wirst mich nicht rasend machen,

nicht starr vor Angst,
nicht blind und aggressiv.
Sei bei mir zu Gast und erzähle mir,
was ich tief in meiner Seele fühle.
Sei ein echter Freund,
der mir die Wahrheit ins Gesicht sagt.
Läute die Alarmglocke,
wann immer es nötig ist.
Bevor der Brand noch schwelt.
Ehe der Sturm das Feuer anfacht.
Nicht, dass du nur noch explodierst,
brandschatzt und zerstörst.

Warten

Wenn es dunkel ist,
dann wird mein Lachen dir leuchten.
Du wirst mich sehen
am Ende des Tunnels.
Wo ich auf dich warten werde,
inmitten von Feldern
aus Sonnenblumen und rotem Mohn.
Wenn es kalt wird,
dann wird meine Wärme
deine Haut streicheln.
Meine Umarmungen werden dich halten.
Mein Blick wird dir folgen
voller Liebe und Sehnsucht...

Lust

du überfällst mich,
wenn ich ihr Bild vor mir sehe,
wenn ihr Geruch um mich ist.
Dann spüre ich,
wie du Besitz ergreifst von mir.
Von meinem ganzen Ich.
Mein Herz brennt,
meine Seele schreit nach ihr.
Du bist wie das Salz des Meeres,
welches trocknet auf meiner Haut.
In der wärmenden Sonne
und dem leichten Wind vom Strand.
Du bist wie die lachenden Möwen,
die spielen und sich balger.
Sich gegenseitig die Krumen abjagen,
sich necken und sich lieben.
Einfach sich am Leben freuen.
Nimm mich ein.
Erobere mich...
Du bist wahres Leben,
wahre Lebenslust
und Leidenschaft.
Ich will sie fühlen:
Die Wärme ihrer Haut,
die Zartheit ihrer Berührungen.
Unmerkliche Bewegungen im kühlen Nass,

erfrischend,
belebend.
Ihr Lächeln,
welches mich verzaubert.
Sorgen werden hinweggespült.
Nöte sind nichtig.
Kämpfe unwichtig.
Ihre Liebe einzig richtig.
Lust, nimm uns die Sinne.
Lass uns schweben
wie der bunte Drachen
aus meinem Kindertraum.
Der hoch oben flattert im Wind.
Fest gehalten
von übermütigen, kleinen Händen.
Die ihm Leine lassen,
die ihn jagen und bezwingen.
Auf und ab, kreuz und quer.
Bewegungen, die Lebensfreude sind.
Quietschen vor Vergnügen.
Freiheit an einer einzigen Schnur.
Im frischen Wind der puren Lust
fährst du mit mir
auf der Straße in den Süden.
Wo die Sonne mich erfüllt,
die Sonne ihrer Liebe
mein Begehren weckt.
Wir liegen auf der Wiese der Zuneigung.

Im Olivenhain der Zweisamkeit.
Im Weinberg der Leidenschaft.
Ihre Nähe
kitzelt ganz sacht meine Lippen.
Mit dem weichen Grashalm
der Behutsamkeit
verzaubert sie mich.
Eroberte sie mich ohne ein Wort.
Ihr Blick lässt mich zerfließen.
Ihre Hände besiegen mich, ohne Gewalt.
Mit der Macht der Schönheit,
mit ihrer betörenden Lust,
mit der ich mich treiben lasse
aufs offene Meer.
Kreuzen wir vor dem Wind,
der die Segel meiner Wünsche
mit Leben erfüllt.
Auf den Wellen schaukeln.
Auf und ab
im Rhythmus der Gezeiten.
Nie endest du.
Lust, mal heftig, nicht zu bremsen,
mal zart und leise.
Wie der vorübergehende Windhauch,
der das Flüstern ihres Mundes
an mein Ohr trägt.
Der mich mit ihrem Duft erfüllt.
Trag meine Sehnsucht hin zu ihr.

Lass sie mein Rufen hören.
All die Worte der Liebe,
die ich für sie erfand.
Wecke die Erinnerung in ihr
an eine schöne Zeit.
Die uns alles vergessen ließ.
Die uns Glück verhieß.
Die mir den Weg wies.
Zu ihr, immer ihr folgen...
Durch felsige Berge und steinige Wüsten.
Wo die heiße Sonne der Hoffnungslosigkeit
mich fast verbrannte.
Durch dunkle Wälder der tiefen Trauer
hast du mich begleitet,
mich nie verlassen.
Über das weite Meer der Sehnsucht
bist du mit mir gefahren.
Immer ihr nach.
Lust, du kamst und gingst,
doch immer in meiner Nähe.
Hattest du den wachen Blick,
der auf mich acht gab.
Holtest mich wieder ein,
als ich sie schon verloren glaubte.
Anderen nachlaufen wollte...
und es nicht konnte.
Immer ihr Gesicht vor Augen,
immer ihren tiefen Blick,

der mich unverwandt ansieht,
bis in die Tiefen meiner Seele sieht.
Wie kann ich ihr entgehen?
Dieser unbändigen Lust entfliehen?
Ich will es gar nicht.
Will mich fallen lassen in weiche Wolken.
Will benebelt sein
von der Sucht nach ihr.
Betört, verhext, verzaubert, becirct.
Verführt
mit allem, was sie nur hat.
Lust, du sollst mich begleiten
mein Leben lang.
Auf allen Wegen.
Lass mich bei ihr sein.
Lass mich ihr folgen.
Sie bei der Hand nehmen
Sie führen. Sie verführen.
Sie glücklich machen, für immer.
Begleite uns, verlass uns niemals.
Schüre unser Feuer.
Mal ein wenig.
Mal ein wenig mehr!
Lust auf Leben
Lust auf Liebe
Lust auf Sie...

Klang der Stille

Der Klang der Stille.
Er soll dich umgeben.
Dich forttragen in die Tiefen deines Ichs.
Tief in die Seele deines Herzens.
Der Klang der Stille.
Hör ihm zu,
dass er dir erzählen kann
von deinen Träumen, deinen Wünschen,
Sehnsüchten und Begehren.
Lass ihn dir helfen,
den Ort zu finden,
der Frieden heißt.
Frieden in dir selbst.
Frieden
mit deinem verletzten Herzen.
Lerne, dir selbst zu verzeihen.
Lass dich entführen
vom Klang der Stille.
Vom leisen Plätschern des Wassers.
Von der Lerche,
die hoch oben am Sommerhimmel
ihre Freude singend
mit dir teilt.
Von der Arie der Nachtigall,
so wunderschön
durch die Stille einer ganzen Nacht.

Geh,
mit dem fröhlichen Klang
kleiner zirpender Meisen,
zwitschernder, frecher Spatzen
und singender Amseln.
Hör den Flügelschlag des Schmetterlings,
und das Wehen des Windes in den Sanddünen,
während Meeresrauschen dich fortbringt
in die Ewigkeiten der Wunder des Lebens.
Tanze auf den Wellen
zum Gesang der Wale und Delphine.
Zum Geschrei der Möwen.
Zum Rauschen der Flügel des Albatros,
der erhaben, fast lautlos
durch die Höhen der Lüfte gleitet.
Geh deinen eigenen Weg.
Teile all deine Freude,
deine ganze Liebe.
Und folge ihm...
dem Klang der Stille in dir.

Liebe mich

Ich liebe es, dich anzusehen.
Du bist so wunderschön.
Es kribbelt in mir,
und es tobt der Sturm.
Der will dich erobern,
dich mitnehmen, forttragen,
dass du schwebst in den Himmel.
Weit weg mit mir.
Mit dir will ich fliegen,
segeln durch die Lüfte...
Dich will ich berühren,
dich entführen.
Mit dir der Sonne ganz nah sein.
Von dir mich verführen lassen,
dass du mich fortträgst,
mit Leichtigkeit,
mit deiner so sanften Liebe.
Deine Zärtlichkeit fühlen.
Und in deinen Fesseln,
frei sein wie die Möwe,
die übers weite Meer fliegt,
der Sonne entgegen.
Liebe mich nur...
Und lass mich dich lieben...

Kleiner Trost

Viel zu früh bist du gegangen,
hast mich allein zurückgelassen.
Ein kleiner Trost,
der kommt von dir.
Dann fühle ich:
Du bist bei mir.
Wohl bist du fort,
und doch ganz nah.
In meinem Herz
da trag ich dich.
In tiefster Seele
begleitest du mich.
Du gehst mit mir.
Tief in mir drin
da ist dein Trost,
der Ruhe gibt.
Mir deine Liebe
für immer erhält.
Dein Bild
mir nah sein lässt.
Und deine Wünsche für mich
mir folgen lässt.
Wie dein Schatten,
der über mir ist.
Der auf mich achtet,
mich bewahrt

vor Kälte und Lieblosigkeit.
Der mir Obhut ist
und Hoffnung.
Deine Erinnerung
in mir tragen,
wärmt mich.
Erfüllt mich mit Frieden.
Mit Dankbarkeit,
dass deine Arbeit
deine Kämpfe,
deine Sorgen um mich
niemals vergebens waren.
Dein Trost,
der mir immer folgt,
ist wie der warme Sonnenstrahl,
ist wie Kinderlachen.
Wie deine Hände,
die mich einst streichelten,
wie nur sie es konnten.
Die Hände meiner Mutter,
die jetzt ruhen.
Lass sie mich noch ein wenig halten.
Diese deine gebenden, liebenden,
schönen Hände,
die mich immer trösten werden.

Fremde

du stehst neben mir
an der Bar.
Der Raum ist gefüllt
mit freudevoller, gespannter Erwartung.
Unsere Blicke treffen sich.
Fast unbeabsichtigt.
Und wieder.
Es wird gelacht, geraucht, getrunken.
Die kalte Winternacht bleibt draußen.
Wohlige Gemütlichkeit
selbst im Stehen.
Heitere, stille Gelassenheit umgibt dich.
Du erzählst mit deiner Freundin.
Ihr lacht und scherzt.
Ein Bekannter kommt hinzu,
es ist der Maler.
Der Maler,
der mich seit Wochen fasziniert hat.
Mit der wahnsinnigen Schönheit
seiner Zeichnungen mir die Sinne nahm.
Ich bin platt,
überwältigt von dieser Unkompliziertheit,
die von ihm ausgeht.
Von der so bescheidenen Natürlichkeit
dieses netten Burschen.
Der Sekt wird gebracht.

Kühl und trocken,
wie ich ihn liebe.
Die Wärme dieser Umgebung
lässt mich meine Grippe vergessen.
Ich spreche den Maler an.
Wir reden und scherzen.
Lachend, mit Witz und Charme
nimmt er alle Fremdheit hinweg.
Ganz plötzlich,
unverhofft geht es nun los.
Mit Verspätung,
und doch überraschend.
Der Erzähler wird angekündigt.
Ungeheuer sympathisch,
ein Virtuose des Wortes,
beginnt er zu lesen.
Mein Englisch reicht vielleicht
für die Hälfte seiner Worte.
Allein, seine Art zu lesen, zu erzählen,
lassen mich alles verstehen.
Gebannt stehe ich da,
und lasse mich entführen
von diesem Geschichtenerzähler,
der alle mit sich reißt.
Seine Worte leben.
Alles Glück und Unglück dieser Welt
erfüllt den Raum.
Personen, von ihm erdacht,

erzählen von ihrer Liebe,
ihrer Sehnsucht, ihren Wünschen.
Die Zeit rast dahin,
ohne dass ich es bemerke.
In zweieinhalb Minuten
ist diese halbe Stunde
so plötzlich vorbei, wie sie begonnen hat.
Du wendest dich wieder
der Freundin zu.
Ich mich dem köstlichen Milchkaffee.
Du beachtest mich nicht.
Nur kurz sehen wir uns an.
Wie wunderschön du bist.
Welch ein zartes, blasses Gesicht.
Diese dunklen Augen,
die tiefer scheinen als jeder See.
Diese rötlichen Haare,
die nie im Leben gefärbt sind.
Und dieses ganz leicht
spöttische Lächeln,
das deine Lippen umgibt.
Ich habe Zeit, dich zu beobachten.
Du lächelst herüber,
unmerklich fast.
Da beginnt der Geschichtenerzähler
erneut sein Werk.
Wieder zieht er alle in seinen Bann.
Mich mit.

Ich tauche ein in seine Geschichten.
Wort für Wort.
Vers für Vers.
Schwebe auf Höhen,
falle in abgründige Tiefen
mit seinen Heldinnen und Helden.
Seine große Liebe
berührt mich schmerzlich.
Ich leide mit ihm,
sehne sie herbei,
verfluche sie
und laufe ihr hinterher.
Ich betrachte dich von der Seite.
Du hast etwas so Geheimnisvolles,
das neugierig macht.
Du willst nicht zurücksehen,
das spüre ich.
Beifall von allen Seiten.
Er hat ihn wahrhaft verdient.
Ein richtiger Poet.
Erzählt seine Gedichte
und Geschichten
mit der Hingabe eines Sängers.
Noch einmal Applaus.
Die Gläser werden gehoben.
Welch ein Abend.
Du fragst,
ob ich noch mit zu euch

an den großen Tisch käme.
Das fragst du mich?
Stand nicht eben schon
ein großes „Ja" in meinem Gesicht?...
Es wird sehr lustig.
Der Maler macht Witze.
Wir erzählen über vieles.
Immer muss ich dich ansehen.
Ich denke:
Wie kann man nur so leidenschaftlich
über Zahntechnik reden?
Dein Beruf macht dir Spaß.
Es macht Spaß,
mit dir darüber zu reden.
Der Abend fliegt dahin.
Meine Grippe holt mich ein.
Ich fühle mich wie erschlagen.
Dabei würde ich so gerne noch bleiben.
Mit dir plaudern.
Dir zuhören.
Von mir erzählen.
Den Wein genießen.
Späße machen, lachen, scherzen.
Der Erzähler kommt.
Er verabschiedet sich von Jedem.
Was für ein Mann.
Die Frauen lieben ihn, das ist klar.
Ich gönne es ihm von ganzem Herzen.

Ich muss ihn wiedersehen.
Wir verabreden uns.
Wie schön.
Wir verabreden uns nicht.
Man sieht sich?
Vielleicht...
Mach es gut, Fremde.
Danke, für diesen wundervollen Abend,
Fremde.

Eselchen

du bist
stur und eigensinnig
wie eine Bergziege.
Ist hier vielleicht
ein noch größerer Esel?
Der noch sturer ist?
Noch eigenwilliger?
Und wenn du meinst
ein Spiel spielen zu wollen,
vielleicht
will er es ja gar nicht.
Will nicht mit dir kämpfen,
will nicht stärker sein.
Gerade mal sich selbst besiegen.
Wohl möglich,
dass er nur zu gerne
mit dir spielen wollte, nur mit dir.
Dass er sich sogar verzehrt nach dir.
Noch immer steht er bockig
auf seiner Wiese.
Wartet stur auf das Eselchen.
Keine Eselin, die ihn beeindruckt.
Keine Möhre, keine Zuckerstückchen,
die ihm Appetit machen.
Warum zeigst du ihm nicht
deine wahren Gefühle?

Einfach.
Offen.
Ehrlich.
Ohne Sicherheiten.
Ohne Hintertürchen.
Ohne Machtspiele.
Ohne Machtkämpfe.
Muss die Liebe testen?
Muss sie sich etwas beweisen?
Will sie nur ein kleines Stückchen
von sich verschenken?
Oder ihr ganzes großes Herz?
Braucht sie ihre Freiheiten?
Kann sie sich völlig hingeben?
Ganz und gar?
Mit Vertrauen?
Mit Gewissheit?
Will sie es überhaupt?
Oder will sie nur
Zeitvertreib und Spaß?
Spielen?
Eigene Bestätigung im Spiel?
Im Spiel
mit den Gefühlen des Anderen?
Der Anderen?
Der Esel will nicht alleine sein.
Der Esel will bei dir sein.
Dich einfach nur lieb haben,

sonst nichts.
Wohl ist er etwas stur und eigenwillig.
Er weiß, was er will.
Er denkt, dass er dich kennt.
Dass er dich versteht und liebt.
Er hat sie nicht vergessen.
Die einsamen,
traurigen, kalten Tage.
Die verlassenen,
sehnsüchtigen, langen Nächte,
die scheinbar nie enden wollten.
Immer hat er an dich gedacht.
Allein, er ist halt nur ein einfacher Esel.
Doch auch so ein Eselchen
hat seine Qualitäten.
Sicher, es ist kein stolzer,
ungestümer Hengst.
Doch es ist treu.
Ein wenig anhänglich wohl,
doch auch ausdauernd und stark.
Und lieb ist es,
zu lieb fast.
Nur darfst du ihm niemals
zu Vieles aufladen.
Dann bleibt es einfach stehen.
Wie ein sturer Esel.
Dann kann es eigensinnig sein
und sich verweigern.

Keinen Schritt mehr
vor den anderen setzen.
Kein Zuckerstück und keine Möhren
werden es locken.
Es hat doch ganz genauso seinen Kopf,
wie du.
Ob du es so nehmen könntest,
wie es ist?
Ob du es noch immer genauso gern magst,
wie im ersten Augenblick?
Willst du wieder mit ihm gehen,
auf seinem langen Weg,
der seine Schönheiten hat
und seine Reize?
Seine Schwierigkeiten
und Herausforderungen.
Durch Regen und Sonne.
Willst du die letzte Möhre
mit ihm teilen,
mein Eselchen?

Süchtig

danach, zu verschwinden.
Mich ganz klein machen wollen.
Immer weniger werden wollen.
Ins letzte Mauseloch verkriechen.
Dabei war ich doch nur süchtig nach dir.
Und nach dir.
Nach eurer Liebe.
Und ich konnte es nicht mit ansehen,
wie ihr miteinander umgingt.
Cool, lieblos.
Dieser ständige Machtkampf.
Diese ständigen Verletzungen.
Gemeinsam einsam...
Pflichten.
Nichts war jemals wichtiger als Pflichten.
Bloß nicht mal Fünfe gerade sein lassen.
Eherne Regeln.
Alles im Griff.
Alles harmonisch.
Alles ordentlich.
Alles adrett.
Alles so praktisch, quadratisch, und schön?
Alles passte
in die dafür vorgesehenen Schubladen.
Geplantes Leben.
Alles berechnet, alles kalkuliert.

Für alles war gesorgt.
Und doch fehlte irgendwie einfach...
Alles.
Es war fast nicht zu verstehen,
nicht zu erklären.
Ein Schweigen lag über diesem Leben.
Schweigen, das sich stumm
der Übermacht des nicht Änderbaren beugt.
Resignierend, freudlos...
Mit der Zeit immer etwas kälter werdend.
Warme Gefühle sind bloße Tünche.
Dünner Lack,
der zu leicht zerkratzt,
der schnell abzublättern beginnt.
Was hatte euch so verletzbar werden lassen?
Was hatte ich verkehrt gemacht?
War ich zur Unzeit gekommen?
Eine Last für euer Leben?
Gab ich Grund zur Eifersucht?
Wurde die geteilte Liebe,
die geteilte Freude, weniger?
Wurde ich zum Verbündeten,
statt zum gemeinsam Behüteten?
Warum fühle ich mich so Fehl am Platz?
Wo ist die Lebensfreude?
Wo der Sinn dessen,
was ihr aufgebaut und geschaffen habt?
Warum kann ich es nicht

einfach dankbar annehmen?
Habe immer dieses mulmige Gefühl
nicht zu genügen?
Nicht gut genug zu sein.
Was treibt mich nur,
euch immer alles Recht machen zu wollen?
Mit gleichzeitigem Widerwillen.
Wie eine Gejagte, Abgehetzte, Ermattete.
Nicht mehr wollen,
der einzige Wille.
Kein Bock mehr, die Devise.
Wie kann sich nur so überflüssig fühlen,
wer so umsorgt, so gefördert wird?
Von dem so viel erwartet wird?
Darf ich nicht sein, wie ich bin?
Ihr dürftet nicht mal wissen
wer ich wirklich bin.
Es macht mich endlos traurig, einsam.
Wie gerne ließe ich mich fallen,
in eure starken Arme.
Würde euch alles erzählen,
meine tiefsten Empfindungen.
Meine größten Ängste.
Doch beim Rennen gegen Mauern
holt man sich blutige Nasen.
Nach viel zu wenigen Versuchen
gibt man auf.
Die Meinung, fest und unverrückbar,

ist wohl bekannt.

„Bloß die wahren Gefühle nicht zeigen".

„Nur nicht sensibel sein".

„Nicht lebenstüchtig".

„Zu weich".

„Für zu leicht befunden".

Wofür da noch ich Selbst sein wollen?

Wofür überhaupt noch sein wollen?

Keine Lust, keinen Appetit, keinen Hunger.

Keinen Hunger auf Leben.

Keinen Hunger nach Abenteuer.

Traurige Sehnsucht, starr werdend,

ganz langsam immer weniger,

unbedeutend.

Meinen Hungerstreik,

habe ich ihn jemals selbst verstanden?

Welches Ziel hat mein Protest?

Meine Verweigerung?

Wohin will ich

mit meinem Nein?

Was will ich erzwingen?

Ist es meine Antwort

auf eure Übersättigung?

Will ich, dass ihr abspeckt,

dass ihr dünnhäutiger werdet?

Warum lüge ich euch ständig an?

Belüge meine besten Freunde?

Wozu muss ich meine Geheimnisse haben?

Mich abhetzen, fast zu Tode rennen?
Was lässt mich nicht zur Ruhe kommen?
Lässt mich nur zufrieden sein,
wenn ich es schaffe, nicht zu essen.
Ist mein Hunger meine Macht?
Meine Macht über euch?
Was habe ich davon?
Ein schlechtes Gewissen, ohne Ende.
Dieser Zwang ist eine Qual.
Diese Qual ist meine Sucht.
Die Sucht nach Kontrolle.
Alles im Griff behalten wollen.
Nur keine Spontaneität.
Nur nichts Fröhliches.
Bloß ja keine Freude.
Der einzige Genuss
ist die Kontrolle.
Die Kontrolle über meinen Körper.
Rennen, jagen, hetzen.
Ich muss hart sein und kantig.
Mich völlig im Griff haben.
Stärker sein als ihr.
Keine Abhängigkeit
von Essen, Trinken, Liebe...
Unangreifbar, unantastbar
bin ich geworden.
Das ist es was mich stark macht.
Eine Amazone auf dem Rachefeldzug.

Gefühllos, kalt, alles im Griff.
Die Geister, die ich rief,
ich werde sie nicht mehr los.
Werde ich verschwinden?
Werde ich verhungern?
Mich von meiner Sucht
auffressen lassen?
Ich habe Euch die Schuld gegeben,
und sehe jetzt, wie dumm es war.
Ich suche sie bei mir, und fühle,
es bringt mich nicht weiter.
Ich schreie um Hilfe.
Doch jeder Ton
bleibt mir im Halse stecken.
Ich bettle um Liebe.
Und habe Angst davor,
in dieser Sackgasse stecken zu bleiben.
Habe Angst,
dass das Fressen und Kotzen
noch kommen wird.
Habe Angst zu verhungern.
Habe Angst euch zu verlieren.
Alles zu verlieren.
Ich habe Angst, zu sterben.
Helft doch...

Passiert

Das Baby kommt ganz leise.
Es macht ne lange Reise.
Es macht ´nen Riesenkrach.
Die Eltern denken: Ach...
Die Nächte werden Tage,
sind wie ne süße Plage.
Das stört das Kindchen kaum.
Es denkt nicht dran im Traum,
sich einmal zu bescheiden.
Denn jeder mag es leiden.
Ist hilflos, klein und süß,
schreit oftmals wie am Spieß.
Es macht die Windeln voll,
stinkt, rülpst, Mama sagt: Toll...
Es spuckt dich sogar an.
Du störst dich nicht mal dran.
Du wiegst es und du kuschelst,
du flirtest und du tuschelst.
Es kann dich gut verstehn.
Es liebt dich, Mensch wie schön.
War Liebe auf den ersten Blick.
Was ist das bloß für´n schlauer Trick,
mit dem die kleinen Dinger,
uns wickeln um die Finger?
Sie lachen, sabbern, plärrn...
Egal, wir ham se gern!

So winzig kleine Mächte
klaun uns die schönsten Nächte.
Stelln alles auf den Kopf,
manchmal sogar den Topf.
Und hast du Eines groß,
fragt Sie dich: War das bloß
ne schöne tolle Zeit,
wär es nicht jetzt soweit,
es noch mal zu probiern?
Ganz sicher wird's passiern...

Kleiner Spatz

du bist der Sonnenschein in meinem Leben.
Du hast mich überrannt
mit deiner umwerfenden Liebe.
Als deine kleinen Ärmchen
mir das erste Mal um den Hals fielen,
war ich schon verloren.
Du hast mich eingenommen
ganz für dich allein.
Alles Schöne dieser Welt wollte ich dir zeigen.
Und oft warst du es, der mir die kleinen,
unscheinbaren Kostbarkeiten gezeigt hat.
Die kleinste Blume,
das winzigste Tierchen.
Den witzigsten Käfer,
der sich durch den dichten Dschungel
der Gartenwiese kämpfte.
Bilder in den Wolken.
Du hast mich wieder Kind sein lassen.
Bist mit mir durch den Sand getollt,
über bunte Wiesen getobt.
Hast mir gezeigt was Lebensfreude ist.
Wie viel Spaß es macht,
mit dir Ball zu spielen,
zu schaukeln.
Schwimmen, Rollschuhlaufen, Schlittenfahren,
Kreischen vor Vergnügen.

Dein ganzes Leben ein einziges Abenteuer.
Wie schnell waren deine Freunde auch meine.
Du zeigtest mir wie man liebt, ganz und gar.
Kompromisslos.
Spaßanschläge ohne Ende.
Überfallartige Liebesbeweise,
mit völliger Hingabe.
Mit natürlichem Liebreiz,
der an die tiefste Seele rührt.
Bist du immer du selbst.
Lässt dich nicht verbiegen.
Weißt was du willst.
Hast Vertrauen ohne Ende.
Verlässt dich ganz auf mich.
Gibst mir das Gefühl von absoluter Wichtigkeit.
Verantwortung, die ich gerne trage.
Du forderst mich.
Du lässt mich reifen.
Fragst gnadenlos: Warum?...
Du lässt mich teilhaben
an deinem ganzen Leben.
An deinem Spaß,
den du an allem findest.
Über jedes Ungeschick lachen.
Blöde Fehler einfach abhaken,
hinter dir lassen.
Enttäuschung, Wut, Ärger
rausschreien...

Und vergessen.
Nach vorn geht dein Leben.
Wichtig ist was Spaß macht,
was schön ist und gut.
Einfachheit und Wahrheit
deine Waffen.
Du machst den Mund auf.
Zeigst Freude und Liebe.
Du marschierst durch unser Leben,
voller Kraft, voller Tatendrang.
Nimmst alles was du magst.
Bist nicht bescheiden,
auch nicht kleinlich.
Du bist groß.
Ungerechtigkeit ist dir ein Gräuel.
Wahrhaftigkeit und Liebe dein größtes Gut.
Könnten wir immer Kinder bleiben,
tief in uns,
wäre das Leben schöner, leichter ?
Wenn ich dich sehe,
kommt es mir so vor.
Unkompliziertheit ist deine Stärke.
Bist stark wie ein kleines, zähes Tier.
So unbeschwert und lebersfroh
tollst du durch dein Leben.
Mein schlechtes Gewissen schreit Alarm,
wenn ich dich bremse.
Wie gern wäre ich wieder wie du.

Behalte mich noch ein wenig in deiner Welt.
Vorhin erst
warst du noch ein Baby, kleiner Spatz!

Morgen schon
wirst du erwachsen sein ...

Zu Dir

Der Wind rauscht durch die Bäume.
Du rauschst durch meine Gedanken.
Auf der Suche nach dir
rauscht mein Herz durch diese Welt.
Hier im Sonnenschein,
am Meer,
am weiten Strand.
Da weiß ich,
dass ich dich finden werde.
Irgendwann,
irgendwie.
Ich dachte,
dich schon gefunden zu haben.
Doch ich irrte...
Ich irrte so sehr.
Denn sie war es nicht.
Oder, sie wollte es nicht sein.
Vorbei...
Jetzt, auf der Suche?
Oder nur warten?
Erholung von den Schmerzen.
Zeit zum Heilen.
Zeit, um den Weg neu zu bestimmen.
Mir meinen Weg suchen...
Zu dir.
Die Möwen haben es leichter.

Sie finden sich im Spiel.
Manchmal vielleicht kämpfen sie.
Wieso also sollte ich es mir schwerer machen?
Wieso immer auf die alten Narben sehen?
Lieber dich suchen.
Nach dir Ausschau halten
am weiten Meer.
Im weichen warmen Sand
träume ich von dir.
Lasse mich von Sonnenstrahlen liebkosen
und streicheln vom Wind.
Habe es besser
als alle Möwen dieser Welt.
Außer, dass sie fliegen können.
Mit dem Rauschen des Windes,
über den Wellen segeln sie.
Im Sonnenlicht mit mir
durch das Leben hin zu dir...

Berührt

Wenige Stunden mit dir
haben mich berührt.
So sehr.
Haben sacht meine Haut gestreift.
Nun gehst du.
Und ich wünsche,
dass das Glück dich begleiten soll.
Dass dein strahlendes Lächeln
noch ein wenig

bei mir bleibt...

Du warst hier

Hier bei mir warst du,
es war die schönste Stunde.
Wie kann es sein, wie,
dass ich Sehnsucht habe nach dir?
Schwer wie Blei
liegt sie auf mir.
Und doch leicht wie eine Feder,
das Glück
dir begegnet zu sein.
Dir, die du in mein Leben geschwebt bist,
ohne dass ich auch nur einen Moment
ahnen konnte, wer du bist.
Du lachtest mich an.
Ich wollte dich nur noch
in meine Arme nehmen.
Dich nah zu mir heranziehen.
Dabei hatte ich dich doch
ein wenig beobachtet,
so aus der Ferne.
Deine Schönheit bemerkt,
den natürlichen Stolz, der dich umgibt.
Diesen ungewöhnlichen Liebreiz,
der dir so eigen ist.
Den offenen, freundlichen Blick
deiner hellen Augen.
Dein stilles Lächeln

welches mich einfach übe wältigte.
Kann ich Sehnsucht haben nach dir,
die du die Fremde bist in meinem Leben?
Wenige Stunden, die wir uns kennen.
Uns scheinbar ähnlich sind,
wie Schwester und Bruder.
Lachten
über so viel Gemeinsames.
Kann es sein,
dass ich nur deine Hand nehmen wollte,
um mit dir weiter zu gehen
durch unser Leben?
Kann das sein?
Was ist geschehen mit mir?
Wer bist du?
Du, die du mir ehrlich
die Wahrheit ins Gesicht sagtest.
Einfühlsam, lieb und doch fest:
„Es geht nicht so."
„Es tut mir leid."
Da war deine wahre Schönheit zu sehen.
Anmut und Liebreiz,
der aus tiefster Seele kam.
Wenn es mir auch weh tat,
so musste ich dich dafür
um so mehr lieben.

Es ist alles erlaubt in der Liebe
und im Krieg?
Bei dir nicht.
Das macht dich aus,
macht dich um so liebenswerter,
wertvoller.
Hast deinen wahren Charakter gezeigt.
Mich schmerzlich berührt
mit deiner Liebe,
welche nicht mir galt.
Und mir doch zeigte,
wer du wirklich bist.
Voller tiefer Liebe, zart, sanft, stark,
voll tiefer Emotionen.
Nicht bereit, zu verletzen,
gedankenlos, egoistisch.
Gehst du von mir,
lässt mich zurück mit gutem Gefühl.
Dankbarkeit, dir begegnet zu sein.
Dich in meinem Herzen behalten zu dürfen.
Ein wenig Trauer...
Wie weh kann der Abschied tun.
Von dir, vertraute Fremde.
Du wirst mich noch begleiten.
Hast an meine Seele gerührt,
mein Herz angefasst,
mich nachdenklich gemacht.
Unendliche Sehnsucht geweckt,

Fernweh nach Dir.
Kann es sein,
dass deine Liebe mich berührte,
zart und intensiv?
Du, die du Fremde bist und so vertraut?
Haben unsere Seelen sich gekannt?
Kann es sein,
dass du gekommen bist,
um mir zu zeigen wo mein Weg ist?
Wie ich ihn gehen sollte?
Kann es sein,
dass ich dich so sehr liebe dafür?
Auch wenn du gehst,
nach wenigen Stunden.
Mir ein kostbares Geschenk hier lässt.
Wertvolle, ehrliche, tiefe Gefühle
voller Aufrichtigkeit.
Ich sehe dir nach...
Ein letzter zarter Kuss...
Deine Hände auf meiner Haut...

Leb wohl.

Unbekümmert

Könnte man Anmut malen.
Ich malte dich.
Das freundliche Wesen,
welches in deinem Gesicht zu lesen ist.
Heitere Ruhe geht aus von dir.
Unbekümmertheit,
die dich sein lässt wie du bist.
In dir ruhend wie es scheint.
Überträgst du diese deine Stimmung
auf die Menschen, die um dich sind.
Versprühst stillen Charme.
Unbedarft, kindlich,
doch nicht naiv.
Reife Frau,
die sich noch versteckt
im bunt geblümten Frühlingskleid
des jungen Mädchens.
Wird jeder mit deinem Lächeln bedacht.
Menschenfreundlichkeit
in natürlicher Art.
Ehrlich, lebendig,
dein klarer Blick.
Erfüllst du den Raum
mit Leben, stiller Fröhlichkeit.
Verschenkst aus der Tiefe deines Ichs
so viel von deiner ganzen Schönheit.

Meeressommernacht

Warme Sommernacht am Meer.
Weiße kleine schaukelnde Glitzermöwenpunkte
auf seidig schwarzen Meeresnachtwellen.
Schimmernde Funkelperlensterne
im weiten Tief des Dunkelhimmelblau.
Plätschert die friedliche Stille des Tages
hinüber in die Ruhe meiner Herzensseele.
Schlendern im seichten Ufer,
die Füße umspült von belebendem Nass.
Angenehm kühl
nach der Wärme des Tages.
Ruhige Stille allüberall...
Leises Rauschen nur
der dahinträumenden Wellen.
Verhaltenes Möwenkreischen von weit her.
Fernes, fröhliches Lachen.
Leises, buntes Schwatzen
welches sich langsam nähert.
Lustig dunkle fremde Gestalten
die neugierig machen,
mit aufgeregt plappernder Fröhlichkeit.
Bleibt ihr dicht vor mir stehen.
Gesichter, in deren Nähe ich mich wohl fühle.
Deines nah vor mir,
bin ich fast versucht,
dich zu berühren.

Ein Scherz, ein kleiner Witz.
Leises Lachen, stilles Lächeln.
Dein Blick, der mich bannt.
Fröhliche, neue Bekanntschaft,
die mich nachdenklich macht
und dankbar
für das liebe Wort.
Für die Neugierde
des kleinen, vorwitzigen Mädchens in dir.
Eure Stimmen verlieren sich langsam
in der Dunkelheit des Meeres.
Und ich freue mich auf Morgen.
Dich kennen lernen dürfen,
ein Geschenk.
Beschwingt schickt mich
meine Müdigkeit nach Hause.
Leise Freude weht nach,
über tiefdunklem Sand des Strandes.

Wetterwechsel

Leere Hülle
streift durch Mengen
schwatzender, lustig fröhlicher Menschen.
Sucht das Lächeln,
welches dunkle Wolken beiseite schiebt.
Durchnässt vom Wolkenbruch
schicksalhafter Ereignisse.
Kalter Wind auf nasser Haut.
Durchtränkter Stoff,
voller Tränen, die hernieder prasselten,
nicht mehr aufzuhalten waren.
Gänsehaut in zugiger Kälte.
Dein Gesicht in der Nähe.
Ein Sonnenstrahl so voller Wärme.
Düstere Wolken verschwinden.
Die Luft gereinigt.
Angenehme Ruhe,
die die Kälte von mir nimmt.
Wärmende Nähe,
welche mich mit Leben erfüllt.
Meine Aufmerksamkeit kehrt zurück,
in die Welt um mich.
Exzentrische Gedanken verschwinden.
Kälte und Trauer
haben ihr Werk getan.
Haben mich gestärkt.

Bereit für Neues, Schönes.
Dein Lächeln inspiriert,
macht mir Mut.
Bringt mir meine Fröhlichkeit zurück.
Lässt mich aufwachen,
macht mich neugierig
auf die Menschen, die rings um mich sind.
Eben noch zusammengekauert,
Schutz suchend vor kaltem Wolkenbruch.
Zuflucht unter Bäumen, Eingängen, Vordächern.
Gedrängt, frierend
in der Bude des Pizzabäckers.
Klamm stehen am Brezel- und Bierstand.
Urplötzlich wieder Wärme, Leben, Lachen
auf voller, dichtgedrängter Straße.
Sonne, Wärme, plappernde Münder,
lachende Augen, Lebhaftigkeit.
Buntes Treiben auf dem Volksfest
der tanzenden Seelen.
Ich schwimme mit,
mit der wogenden Menge.
Wie ein munteres Fischlein,
welches die große, weite Welt erkundet,
im Schwarm der unendlichen Weite.
Lasse mich treiben,
genieße das bunte Leben.
Lasse mich anstecken, mich erfüllen
von Musik und Tanz der Schmetterlinge.

Die entflohen sind dem Kokon
des frierenden Alleinseins.
Gehöre ich in diese Menge
wogenden Lebens.
Auf und Ab,
intensives Leben.
Tränenreiche Trauer kleiner Kinder,
deren Welt zusammenbricht,
ohne das ersehnte Schokoladeneis.
Überschwängliche Lebensfreude
im Kinderkarussell.
Das Kind in mir fühlt mit,
mit ihnen allen.
Wie sie genieße ich
die bunten Farben des Regenbogens.
Die Sonnenstrahlen nach dem Regen.
Deinen lieben Blick
im Vorübergehen.

Liebessehnsucht

Unbändige Sehnsucht hast du.
Nach seinen vertrauten Berührungen.
Sehsucht nach seiner Nähe.
Sehnsucht danach,
dich in seinem Arm zu verbergen.
Seine ruhige dunkle Stimme,
sie fehlt dir.
Und doch ist sie immer bei dir.
Nahe an deinem Ohr
flüstert sie dir seine zärtlichen Worte zu.
Du lässt dich fallen
in sein Liebe.
Schmiegst dich eng an,
an seine behutsame Zärtlichkeit.
Du gibst dich ganz hin
der Magie, die dich verzaubert,
wenn seine Hände deine Haut streifen
wie ein sachter Windhauch.
Hörst auf zu denken,
geborgen in weichen Wolken
seiner sanften Liebkosungen.
Wie tausende winzige kleiner,
weicher, leichter Schneeflocken
ein ganzes Land sanft zudecken.
Einhüllen in den Schutz
weißer Geborgenheit.

So bedeckt sein Mund deine Haut,
jeden Zentimeter deines Körpers
mit tausenden kleinen so weichen Küssen.
Erfüllung deiner tiefster Sehnsüchte.
Vollkommenes Glück,
welches in dir nachklingt.
Dich immer begleitet.
Er ist bei dir,
immer ganz nah.
Du nimmst ihn auf in dir,
willst dich von ihm erfüllen lassen,
ganz und gar.
Du erbebst bei seinen Bewegungen,
die deine werden.
Du folgst ihm,
lässt dich locken.
Berührst ihn zart,
mal sanft, mal heftig.
Immer mehr,
und immer noch mehr.
Bis die Zeit stehen bleibt.
Eure Herzen verschmelzen,
eure Seelen sich sehen.
Bebst du vor Leidenschaft,
zitterst vor Erregung,
versinkst in seinen Armen.

Fühlst dich geborgen
wie ein Baby.
Und lässt dich völlig fallen
in die Stille
der vollkommenen Harmonie.
Liebessehnsucht ist,
was dich glücklich macht.
Wenn er sie erfüllt.
Wenn er sie zu lesen vermag,
die Sehnsucht in deinen Augen.
Wenn eure Blicke sich treffen.
Wenn er sie kennt,
deine geheimsten Wünsche.
Und dir einfach
seine ganze Liebe schenkt,
voller Hingebung.
Liebessehnsucht,
die dich hinzieht,
zu ihm.
Immer wieder.
Immer mehr
erfüllt sie sich.
Erfüllt sie dich.
Immer
trägst du sie in dir.

Sie hilft

Die, die lange schon gefangen sind
in ihrem Bett,
sie warten jeden Tag
auf sie.
Auf ihren Sonnenschein.
Auf sie,
die immer kommt,
bei jedem Wetter.
Auf sie,
die immer
dieses liebe Lächeln mitbringt.
Sie umsorgt sie
mit Wärme und Liebe.
Mit Witz und Humor
überlistet sie den alten Sturkopf.
Und sie kann auch noch lachen,
selbst wenn sie sich
manchmal einmachen.
Selbst dann ist sie da
und lässt ihnen Würde.
Weint mit,
mit stummen Tränen
bei Schmerzen und Trauer.
Lacht mit, Freudentränen
in fröhlichen Erinnerungen.
Und sie wissen ganz genau:

Sie hilft gerne.
Und sie freuen sich schon,
denn sie kommt morgen wieder.

Neues Jahr-

tausend ...
Diese vielen, vielen Jahre
an mir vorbeisausend.
War ich nicht eben noch der kleine Junge,
der mit glänzenden Augen
am Auto der Eistante stand?
Zwei Groschen ganz fest
in der kleinen Hand.
Auf dem kleinen blauen Fahrrad umherbrausend.
Scheint es, als sei ich
gerade erst angekommen,
im neuen Jahr-
tausend ...
Tage wie Kaugummi,
und welche wie Schokolade,
so schnell.
Tränen, Trauer, Spaß
und viele, viele Lieder.
Streiten, Lachen, Toben
mit den Schwestern und den Brüdern.
Steh ich hier,
ich großes Kind ...
und sehe auf die meinen.

Und sehe alles wieder.

Große Jungs

sind schon stark,
sind wie quietschende Reifen,
sind wie wilde Pferde,
ungezähmt.
Lassen Muskeln spielen,
müssen immer stark sein.
Immer cool,
gut drauf,
überlegen.
Nehmen sie es
mit jedem auf.
Messen sich
immer
mit den Stärksten.
Können lieb sein
als wären sie
noch kleine Jungs.
Flirten wie die alten Hasen,
mit ihrem Charme,
der besticht.
Reife Frauen schwach macht,
weich werden lässt, wie Butter.
Wollen sie
einfach nur geliebt sein.
Ernst genommen.
Ihren Spaß haben.

Leben fühlen in jeder Sekunde.
Wollen Männer werden,
ganze Kerle.
Wichtig sein für alle,
die sie lieben.
Große Jungs,
manchmal voll die Schwerenöter,
manchmal stark wie Drachentöter.
Stellen Männer in den Schatten
mit wildem Mut,
mit Eigenarten.
Geh´n ihre Wege
manchmal stur und eigensinnig.
Und ohne dass es jemand merkt,
geh´n kleine Mädchen
einfach hinterher.
Es zieht sie so sehr magisch an,
die Kraft, und diese große Liebe,
die keinen widerstehen lässt.
So wie der Stern am Morgenhimmel
den Mond einfach verblassen lässt,
und selbst sogar die Sonne .
So steh'n sie einfach da
und geben immer alles.
Große Jungs
was wär das Leben ohne euch,

die großen Jungs von nebenan?
Die lustigen,
die frechen Kerle.
Diese lieben,
netten Bengels,
die nie ein Wasser trüben.
Würde man sie nur lassen,
so wie sie gerne wollten.
Wäre alles toller,
vieles besser –
alles einfach nur genial.
Was kostet denn
nun diese Welt,
ihr großen Jungs?

Ich will

so wahnsinnig gern
deinen kleinen Bauch küssen,
ganz sacht und zart,
so lange...
Bis du dich fallen lässt
ganz tief,
immer weiter.
So lange,
bist du immer nur noch mehr willst.
Ich will
dich ungeduldig machen,
ein wenig.
Dich verführen,
dich in zarte Bande einwickeln,
bis dass
deine Lust zu fließen beginnt.
Die Sehnsucht dich überkommt.
Kleine Knospen aufblühen,
sich stolz aufrichten,
mit Küssen bedeckt werden.
Ich will dich.
Deine heiße Haut fühlen
auf meinen Lippen.
Samtweich,
deinen Hals, deinen Nacken,
deine Schulter berühren.

Will wie warmer
Sommerregen
auf dir sein.
Der wohlige Schauer dir bringt.
Ich will
von dir mich packen lassen
mit Heftigkeit,
die mich zu dir zieht.
Die alles will,
und alles auf einmal
und immer noch viel mehr.
Ich will
von dir mich halten lassen.
Deine Sucht erfüllen,
deine Gier.
Genießen ohne Ende.
Mit Zeit ohne Grenzen.
Kraft verschwenden
nur für dich.
Mich völlig erschöpfen lassen
von dir.
Will berauscht sein
von deinen Küssen,
die mich treffen
heiß und zart,
überall...
Überfließender Vulkan
eben noch

floss heiße Lava in Strömen
über mich.
Schwemmte mich
bis ins Meer deiner Lust.
Wo ich gefangen bin
im Auf und Ab
der Wellen deiner Liebe.
Ich will
der glücklichste
Gefangene der Welt sein.
Von deiner Nähe
mich beherrschen lassen.
Frei sein
wie der kleinste Fisch
im Riesenlebensmeer.
Abtauchen mit dir.
Mit dir
bis in die Lüfte springen.
Auf immer.
Ich will
auf Wellen tanzen mit dir...

Dein Bild

eingegraben in mir.
Versuche zu vergessen,
dich.
Was nicht geht.
Deine Liebe,
welche mich überrollt,
wie eine Sturmflut,
wie eine Lawine.
Wie ein Vulkan,
dessen glühendes Magma
alles mitriss
was gerade den Weg kreuzte.
Kam ich zur Unzeit,
gefangen von dir.
Dein Bild,
eingegraben in mir.
Verlor ich dich.
Stürmisch wie der Herbstwind.
Übermächtig wie
eisiger Schneesturm,
der Welten verändert.
In Sekundenschnelle
aus Tälern Steilwände macht,
aus Bergen tiefe Gräben.
Leidenschaftlich
wie heißer Wüstensturm.

Alles unter dir begrabend.
Ich ging ein,
vertrocknete
ohne dich...
Dein Bild
eingegraben in mir.
In tiefster Seele
verletzt.
Geschunden,
verwundet,
tief getroffen.
Das Herz zerrissen.
Die wilde Schönheit
der Steppenblume,
niedergetrampelt
von Herden
wütender Nashörner.
Zorniger Elefanten,
wilder tobender Tiere.
Achtlos weggeworfen,
meine Liebe.
In den Schmutz getreten,
meine Gefühle.
Trampelst du auf mir herum,
ungeduldig nach Sternen greifend.
Überheblich?

Wie du es mit allen machtest?
Gedankenlos?
Achtlos?
Lieblos?
Dein Bild
eingegraben in mir.
Verschüttete Liebe,
einfach vergessen?
Dein Bild
eingegraben in mir.
Immer wieder erwacht es.
Geweckt aus dem Schlummer.
Mit Erinnerungen
voller Zartheit,
wortlosem Verstehen.
Harmonie in uns.
Zwei für einander.
Für die Ewigkeit.
Willst es nicht sehen,
läufst weg.
Bist wie der Wind?
Launisch?
Rücksichtslos?
Willst mich nicht sehen?
Rennst anderen nach?
Lauf nur weg
vor deinem Ich.
Steige in Wolken

traumhafter Luftschlösser.
Dreh dich nicht um.
Dein Bild
eingegraben in mir.
Vergessen?
Verloren?
Verschwunden am anderen Ende der Welt?

Verliebt

Vernarrt ist der Kerl,
abgeschaltet der Verstand.
Merkt rein gar nix mehr.
Völlig verblödet,
ständig grinsend
tanzt er durchs Leben.
Voll mit Rosinen den Kopf,
rennt er ihr hinterher.
Lässt alles stehen und liegen,
kriegt nichts mehr auf die Reihe.
Fühlt sich als ihr Ein und Alles.
Merkt nicht,
wie sie spielt mit ihm.
Glaubt ihr alles,
die dicksten Lügen.
Ihn warten lässt sie
und zappeln.
Es macht ihm nichts.
Er merkt ja nichts.
Ihr Mann,
der hütet ihre Kinder.
Sie tanzt die Nächte durch,
mit anderen.
Holt sich ihren Spaß,
von einem zum nächsten.
Und keiner merkt´s.

Alle blind, die Kerle.
Sehen nur, was sie wollen.
Laufen ihrer Schönheit nach,
mit der sie lockt.
Heulen wie kleine Jungs
wenn sie sie verlieren.
Schlagen blind um sich.
Sie rührt es nicht.
Sie läuft einfach davon.
Zum Nächsten,
zum Letzten.
Heuchelt Reue,
beginnt das Spiel aufs Neue.
Kindergärten
sind Stätten der Weisheit dagegen.
Märchenwelt der großen Gefühle.
„Das nächste Mal passiert das nicht".
Cool bleiben
und überlegen.
Nur noch der Begehrte sein wollen?
Kein Leichtsinn mehr?
Sofort der Rückzug
sobald er merkt,
er könnte sich verlieben.
Nur noch mit den Augen s‾ehlen?
Ganz vernünftig will er warten,

doch noch erwachsen werden
und reif.
Und weiß doch ganz genau:
Kommt erst mal wieder so 'ne Frau...
Diese, die ganz tolle da,
aus seinen Träumen.
Dann wird er wieder zum Idiot,
er kann nicht anders,
doof wie Brot.
Denn, wenn sie da ist,
ist sowieso alles anders.
Nichts wie es war.
Verträumt wird er
ihr nachlaufen.
Vertrottelt ihr alle ihre Wünsche
von ihren schönen Augen lesen.
Sie selig erfüllen.
Und glücklich sein
bis ans Ende der Welt.
Wird sich Kinder
aufschwatzen lassen,
so drei bis sieben.
Und Arbeit ohne Ende.
Bis er den Herzkasper kriegt
und merkt, dass es ihn auch noch gibt.
Dann ist er längst
wahnsinnig,
verblödet,

irrsinnig,
völlig sinnlos,
lebenslang,
total irre,
dolle glücklich verliebt...

Die Herbstruhe

lässt mich still werden,
lässt mich träumen
vom weißen Kleid des Winters.
Wenn alles zur Ruhe kommt.
Und Zeit bleibt,
um nachzudenken, um zuzuhören,
um auf Gefühle zu achten.
Welche sonst überflügelt wurden
vom geschäftigen Treiben des Sommers.
Jetzt beim Kerzenlicht,
beim Flackern des Kaminfeuers
höre ich in mich hinein.
Bin neugierig
was mein Herz,
meine tiefste Seele
mir zu berichten hat.
Will auch träumen vom Frühling.
Von bunten Wiesen, summenden Bienen
und dem leuchtenden Schmetterling.
Vom Sommer
und der Sehnsucht nach dem Süden
und dem Meer...
Wie schön lässt es sich träumen
bei Glühwein
und kuscheliger Wärme
von dir...

Pauline

Immer munter
schnatterst du drauflos, Pauline.
Du bist das pralle Leben.
Man schließt dich dann
gleich und sofort
tief in sein Herz,
ganz ungewollt.
Mit voll genialer Einfachheit
nimmst du
die ganze große Welt,
so scheints,
grad wie sie ist, Pauline.
Über Wellen und Meer
fegst du dahin.
Auf schmalem Brett,
die Gischt in deinen Haaren.
Sonnen gehen strahlend auf,
glitzern lachend
in großen dunklen Augen.
Du bist des Windes Spiel,
und selbst auch das der Wellen.
Doch du, du spielst mit ihnen.
Und du lässt
dich ziehen, schieben, treiben.
Fantastische Geschicklichkeit.
Du hast den Wind

ganz fest im Griff,
sogar den wilden Sturm.
Im Segel und auf deinem Brett,
in deinen kleinen Händen.
Naturgewalten,
Wellenberge
unter kleinen Füßen.
Welch Vergnügen,
dir dabei nur zuzusehen,
dich kreischen hören und lachen.
Pauline, unaufhörlich
tanzt du hier.
Mit dir
da wird man wohl
nie untergehen können .

Tiefes Blau

deiner Augen, klar und tief
wie die See an den Fjorden.
Vom Norden blondes Kind,
du blasses, wunderschönes,
da kommst du wohl
so denkt man.
Deine stille Art
wie das Land der Mittsommernacht,
so freundlich,
friedlich,
still.
Ruhige Stille in deinem Blick.
Kameradinnen wie dich,
die wünscht man sich.
Mit sanften Worten
zerbrichst du stählerne Waffen.
Sie schmelzen dahin.
Deine zärtlichen Lippen
besiegen jede Macht der Welt.
Deine weiche Stimme
will man immerzu hören.
In den Ohren klingen haben
möchte man sie,
immerzu,
immer,
für immer.

Große Flut

vom Fluss spülte mich
zu dir.
Da fandest du mich im Sand.
Retten,
was zu retten ist,
das wollten wir.
Auch uns
und euch.
An euch dachten wir
mit Tränen in den Augen.
Mit Blasen und Schwielen
an den Händen.
Wollten nicht aufgeben
als die Wasser stiegen,
höher und höher.
Land unter allüberall.
Häuser und Dörfer,
die große, schöne Stadt,
Menschen und Tiere.
Fortgerissen, weggespült
in der übermächtigen
Flutwelle des Unglücks.
Spielzeug ist Menschengebilde
vor der Woge
der Naturgewalten.
So viele kämpfen hier

mit Zähigkeit
und Leidenschaft
und ohne Schlaf.
Einer für den Anderen
bauen wir den Deich
im Wettlauf
mit steigenden Fluten.
Unvorstellbares gelingt.
Sandsack auf Sandsack,
Schaufel um Schaufel,
Tränen und Schweiß.
Den Kopf hoch,
das Wasser bis zum Hals
retten wir,
was zu retten ist.
Was nicht,
beweinen wir,
und wollen aufbauen,
später...

...an sicheren Orten.

Angekommen

bist du wieder
im Leben.
Endlich
nicht mehr verhungert,
gehetzt,
hart,
kalt.
Endlich wieder Wärme,
Liebe,
Licht.
Freude
ist kein Fremdwort mehr.
Genießen
wieder erlaubt,
erwünscht sogar.
Voll das Leben
ohne Sucht,
ohne Kampf.
Alles einfach weggeliebt.
Endlich
hat er dich gefunden.
Dich zurückgebracht
in die Küche des Hauses,
hinein
ins gemütliche Nest.
Ich denke an Gestern,

an Hunger und Angst.
Still und heimlich
fallen Freudentränen
in meinen Kaffee...

Willkommen im Leben.

Liebe

die Macht,
die größte.
Einst von Leidenschaft übermannt.
Täuschung,
Enttäuschung,
Zeit,
dem Hass keinen Raum zu geben.
Außer
dem Hass gegen Böses.
Reue
ein Weg,
ein sehr langer.
Verzeihen,
- auch sich -
der bessere.
Lieben, lachen,
der glücklichere,
fröhliche,
der allerbeste,
liebevolle,
liebenswerte,
lebenswerte...

Irre schnell

so wie ein Pfeil,
so tauchst du durch das tiefe Meer,
den Andern immer hinterher.
Eilig schwimmst du mit,
mit Millionen anderen.
Denkst, du musst der Erste sein,
jedoch -
da irrst du.
Glatt und weich und warm
und äußerst angenehm
kommst du voran.
Lässt alle andern hinter dir,
und auch da -
da irrst du.
In die Lebensgrotte,
dort hinein,
verschmelzen mit dem zweiten Ich,
ohne das dir alles fehlt, nur -
irrst du diesmal
ganz bestimmt nicht.
Wie viel Vergnügen Beide haben
und das nur wegen dir?
Ja irrst du denn nun jetzt?
Ich glaub schon ganz gewaltig.
Zusammen kommen Beide wohl,
sie wegen ihm,

er wegen ihr,
und du wegen den Beiden.
Geradeaus ins Paradies
in einem einzigen Augenblick
und das für viele Wochen.
Jetzt wirst du du
und irrst dich nicht,
bist wohl behütet
und getragen.
So irrst du nun die lange Zeit
in tizianroter Höhle.
Doch irrst ja gar nicht,
wächst nur dort,
gedeihst
in Mamis Murmelbauch.
Bist du erst raus
in diese Welt,
die helle und die grelle,
die laute und die schnelle.
Geht's mit dem Irren wieder los,
und das auf alle Fälle.
Du denkst,
es bleibt behaglich warm,
sie werden für dich sorgen.
Doch musst du immer
erst mal brüllen,
und das schon früh am Morgen.
Nun denkst du, gut, okay,

es wird wohl besser,
wenn ich reden kann und laufen.
Jedoch, welch Irrtum,
so ein Ärger auch,
es ist fast zum besaufen.
So tanzt du dich, so gut es geht,
durch unser schönes Leben.
Und findest es doch noch,
dein Glück, den Traum,
an ihr, da bleibst du kleben.
Muss es denn nicht ein Irrtum sein,
dass sie dich liebt?
Nur dich?
Und dann auch noch
so wie du bist,
mit allen deinen Macken?
Nun hat es sich wohl doch gelohnt,
das Trampeln und das Strampeln,
das Krabbeln und das Brabbeln.
Das alles nur für diesen Traum
von Frau,
von einem Engel.
Das Glück,
das hast du nun für immer
und nur für dich,
und ohne Stress,
und auch da -
da irrst du wirklich jämmerlich.

Allein sie schenkt dir
diesen Glauben.
Vier Kinder sind dein ganzes Glück.
Doch drei davon,
die sind nur ihr –
und noch von dreien Andern...
Doch glauben
würdest du es niemals nie,
dann doch schon lieber irren.
So lebst du doch im Paradies,
in deinem selbst gestrickten.
Lebst selig du
und liebst,
denn das ist dein Geheimnis:
Nur so lebt sich das Glück
und wirklich wahre Liebe.
Verzeihen
und vergessen auch,
vor allem auch mal irren.
Und lieben nur bedingungslos.
Und Dank
und Tschüss,
das war's jetzt schon?

Dann kann ich ja abschwirren...

Ein besonderes Dankeschön

an euch, Ivonne und Regira, die ihr diese
unzähligen Stunden mit mir am PC ausgeharrt
habt, natürlich an eure Männer und Familien
für unglaublich viel Geduld und Verständnis.
Danke Emely und Gaby für eure hilfreiche
und freundliche Kritik und fachliche Inspiration.
John, ohne dich gäbe es keine „Fremde" und
nicht dieses Buch. Danke an alle, die mich
ermutigt und bestärkt haben, nicht zuletzt
Nils und Oliver, was wäre ich ohne euch.
Dieses Buch ist für euch!

Dank auch an Books on Demand in Norderstedt
für die gute Betreuung und Beratung, sowie
an die Freunde der Schreibclubs in Gifhorn
und Wolfsburg, ich hoffe ich habe niemanden
vergessen...